CATALOGUE ILLUSTRÉ DES CYCLES LE GLOBE

GEORGE HETLEY
LE GLOBE
FABRICANT DE CYCLES
PARIS

George Hetley

CONSTRUCTEUR

97, Avenue Malakoff,

PARIS

USINES
COVENTRY & NEUILLY-S/-SEINE

1893

Jules Kossuth & Cie Paris. 619

Cycles "LE GLOBE"

CONDITIONS. 

GARANTIE.

Je garantis toutes mes Machines contre tout vice de construction et remplacerai gratuitement toutes les parties défectueuses; les caoutchoucs creux sont garantis une Saison.

AUX AGENTS.

Pour une première affaire, il est nécessaire d'envoyer l'argent avec la commande ou bien de donner des références.

TRANSPORT.

Les envois se font toujours en port dû.

RÉPARATIONS.

Celles-ci se font toujours au prix coûtant et au comptant, les pièces à réparer doivent toujours m'être expédiées en port payé.

EMBALLAGES.

Les harasses sont toujours facturées mais strictement le prix de revient soit fcs. 3 pour une Bicyclette, ou fcs. 5 pour deux Bicyclettes dans une harasse ou bien un Tricycle.

PNEUMATIQUES.

Je suis à la disposition de mes clients pour monter mes Machines avec n'importe quel genre de caoutchoucs Pneumatiques mais sans *garantie aucune* de ma part.

Bicyclette "Globe" de course Nᵒ I

Poids 10 à 11 kilos.

DESCRIPTION. 

Cadre et fourche en acier étiré sans soudure.
Frottements à billes partout compris la direction et les pédales.
Roues 70 c/m motrice et 75 c/m directrice.
Rayons tangents.
Moyeux acier de course.
Chaîne trempée à rouleaux ou " Humber " de course.
Tension genre " Lucas ".
Manivelles détachables.
Frein détachable sur demande.
Guidon cintré avec poignées liège.
Pédales à scie " Œolus " de course.
Selle légère A. 50. Foley
Sacoche, clef et burette.
Email noir ou de couleur avec parties fortement nickelées sur cuivre.

PRIX (caoutchoucs pneumatiques de tous systèmes) .... Fcs **675** »

Bicyclette "Globe" Nᵒ 2

Poids *route légère* (sans garde-crottes) 14 à 15 kilos, route forte 20 kilos.

DESCRIPTION. 

Cadre et fourche en acier étiré sans soudure.
Frottements à billes partout compris la direction et les pédales.
Roues 70 c/m motrice et 75 c/m directrice.
Rayons directs renforcés et nickelés.
Moyeux acier " Œolus ".
Chaîne trempée à rouleaux.
Tension genre Lucas.
Manivelles détachables.
Frein avec collier détachable.
Guidon cintré avec poignées caoutchouc.
Selle " hamac ". Sacoche, clef et burette.
Émail noir ou de couleur avec parties fortement nickelées sur cuivre.

PRIX (avec caoutchoucs creux 32 m/m)...................... Fcs **500** »

EXTRAS

- Rayons tangents.......................... Fcs **20** »
- Jantes creuses .... » **20** »
- Caoutchoucs pneumatiques tous systèmes.. » **125** »

Bicyclette " Globe " N° 3

Poids 20 kilos.

DESCRIPTION. 

Cadre et fourche en acier étiré sans soudure.

Frottements à billes partout compris la direction et les pédales.

Roues 70 c/m motrice et 75 c/m directrice.

Rayons directs.

Moyeux bronze " Simplex ".

Chaîne à rouleaux.

Tension genre "Lucas".

Manivelles détachables.

Guidon cintré.

Selle " Hamac ", sacoche, clef et burette.

Émail noir ou de couleur avec parties fortement nickelées sur cuivre.

PRIX (avec caoutchoucs creux 32 m/m) .... Fcs **450** »

Bicyclette "Globe" pour Dames Nº 4

Poids 18 kilos.

DESCRIPTION. 

Cadre et fourche en acier étiré sans soudure.
Frottements à billes partout compris la direction et les pédales.
Roues 65 c/m motrice et directrice.
Rayons directs renforcés et nickelés.
Moyeux acier " Œolus ".
Chaîne à rouleaux.
Tension genre " Lucas ".
Manivelles détachables.
Guidon cintré.
Selle de Dames, sacoche, clef et burette.
Email noir ou de couleur avec parties fortement nickelées sur cuivre.

PRIX (avec caoutchoucs creux 32 m/m)................ .... Fcs **500** »

EXTRAS { Rayons tangents........ .... Fcs **20** »
{ Caoutchoucs pneumatiques.... .... » **125** »

Bicyclette "Globe" à corps droit N° 5

Poids 20 kilos.

DESCRIPTION. 

Cadre et fourche en acier étiré sans soudure.

Frottements à billes partout compris la direction et les pédales.

Roues 70 c/m motrice et 75 c/m directrice.

Rayons directs.

Moyeux bronze "Simplex".

Chaîne à rouleaux.

Tension genre "Lucas".

Manivelles détachables.

Guidon cintré.

Selle "Hamac". sacoche, clef et burette.

Émail noir avec parties nickelées sur cuivre.

PRIX (avec caoutchoucs creux 32 m/m).................... Fcs **400** »

Bicyclette "Globe" N° 6

AVEC MOYEU MULTIPLIÉ A ENGRENAGE

Poids 15 à 18 kilos.

DESCRIPTION. 

Corps et fourche en acier étiré sans soudure.
Frottements à billes à la douille, moyeu d'arrière et pédales.
Roues 90 c/m motrice et 60 c/m arrière.
Moyeu multiplié à 1^m50.
Manivelles détachables.
Guidon cintré.
Selle à ressort, Sacoche, Clef et Burette.
Émail noir avec parties fortement nickelées sur cuivre.

Prix avec caoutchoucs creux de 38 m/m.................. Fcs **650** »

EXTRAS
Rayons tangents...................... Fcs **25** »
Caoutchoucs pneumatiques.............. » **150** »

Imp KOSSUTH et Cie. Paris. — J. S. 1.719

Imprimerie
JULES KOSSUTH & Cⁱᵉ
24
Rue Albouy
Paris
Spécialité
de Catalogues
&
ALBUMS INDUSTRIELS
TRAVAUX ARTISTIQUES

www.ingramcontent.com/pod-product-compliance
Lightning Source LLC
LaVergne TN
LVHW011458170726
843501LV00009B/3491